PONS

ZEIGE-WÖRTERBUCH

Mit dem Zeigefinger rund um die Welt.
Die Sprache, die jeder versteht.

Mit Zeige-Wörterbuch als E-Book

PONS GmbH
Stuttgart

PONS

Zeige-Wörterbuch

PONS verpflichtet sich, den Zugriff auf das zu diesem Buch ergänzende Download-Angebot mindestens bis Ende 2020 zu gewährleisten. Einen Anspruch der Nutzung darüber hinaus gibt es nicht.

1. Auflage 2017 (1,01 – 2017)

www.pons.de
E-Mail: info@pons.de

Gestaltung: Petra Michel, Essen
Umschlagfotos: Hand: iStock/Prykhodov;
Regenschirm: Steve Dibblee[5]; Winterjacke: Alexandra Karamyshev[2];
Streichholzschachtel: Christopher Pattberg[5];
Pflaster: Jürgen Fälchle[2]; Icons: creativ collection Verlag GmbH
Logoentwurf: Erwin Poell, Heidelberg
Logoüberarbeitung: Sabine Redlin, Ludwigsburg
Druck und Bindung: Publikum d.o.o.

ISBN: 978-3-12-516092-7

Inhalt

Reisen
Travel

VISA

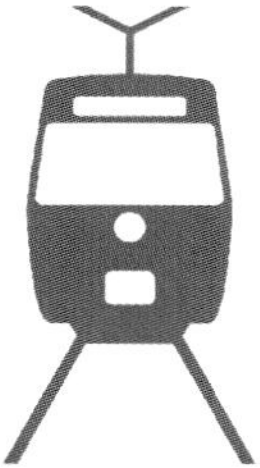

1
2
3

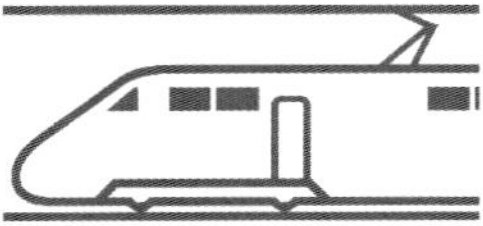

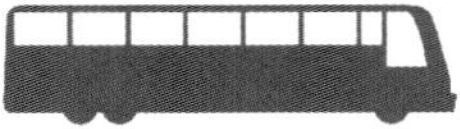

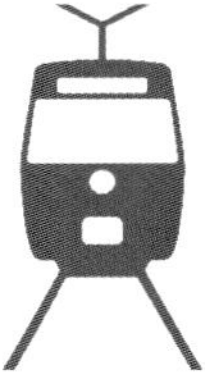

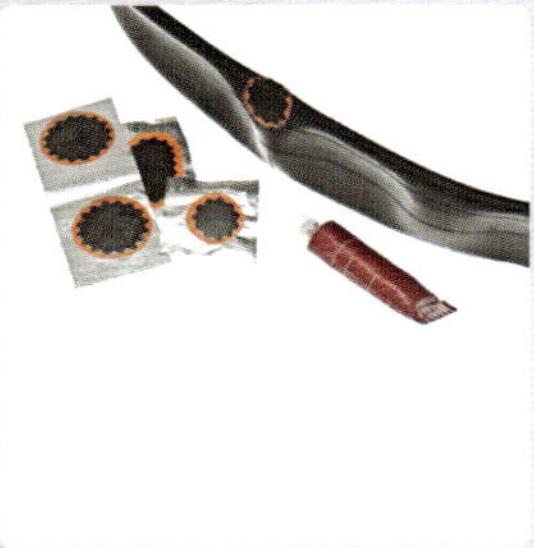

DIESEL

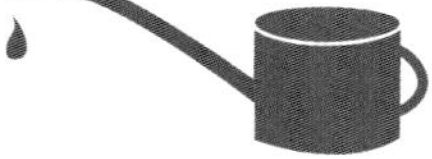

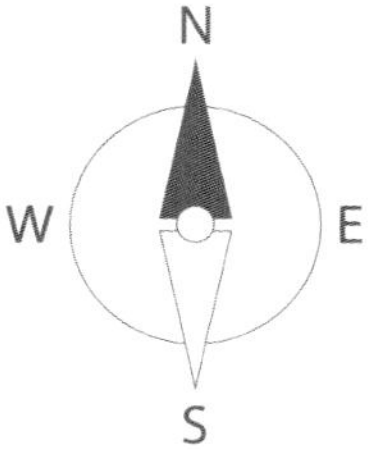
N
W
E
S

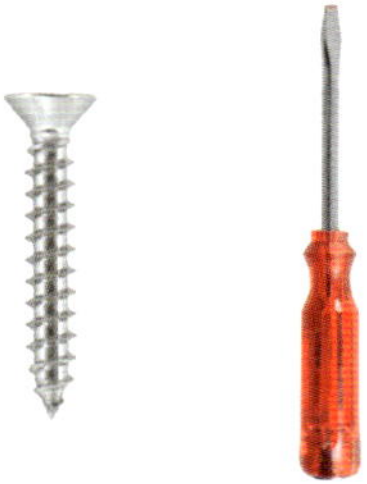

Übernachten
Stay the night

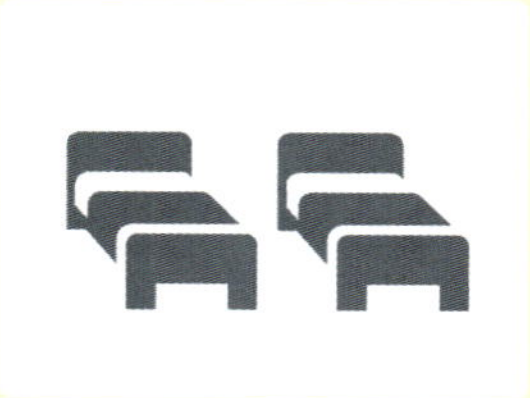

10
5
?

10
5
?

FAX

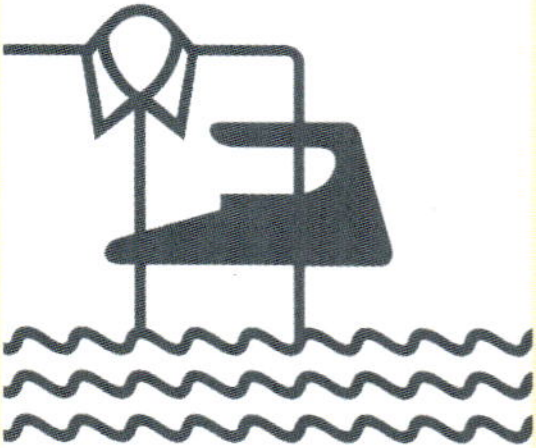

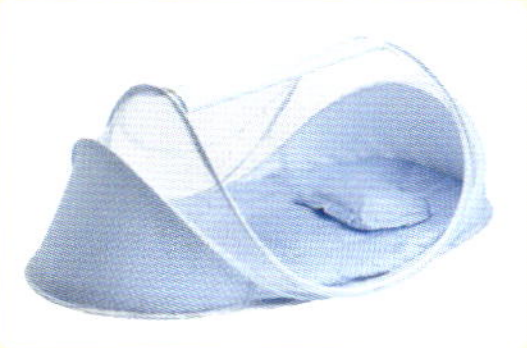

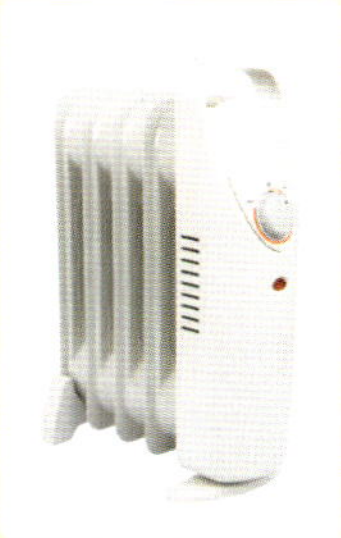

PEACE

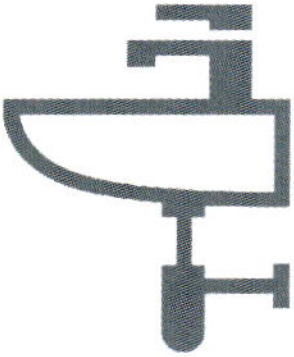

www

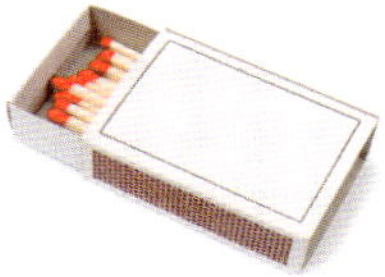

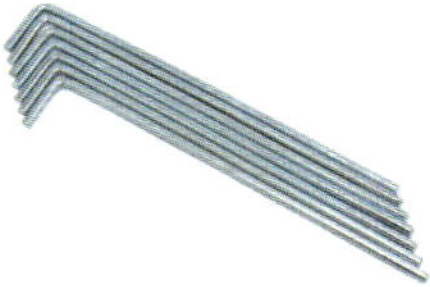

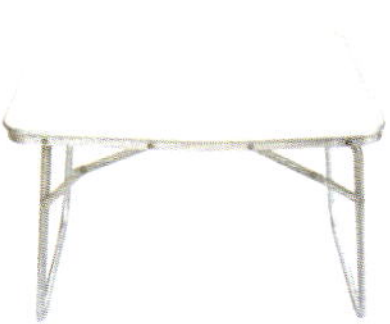

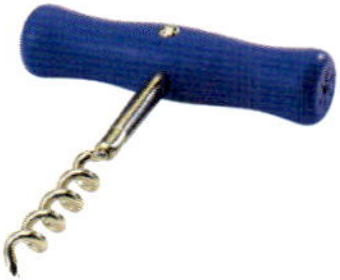
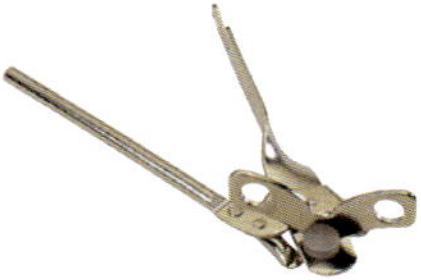

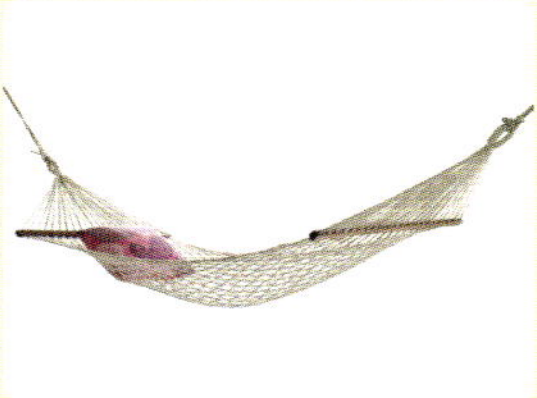

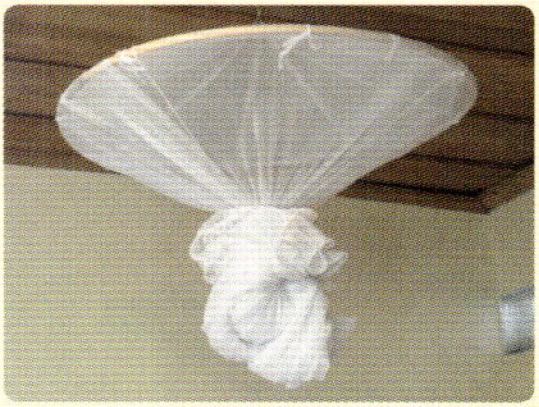

Essen und trinken
Eat and drink

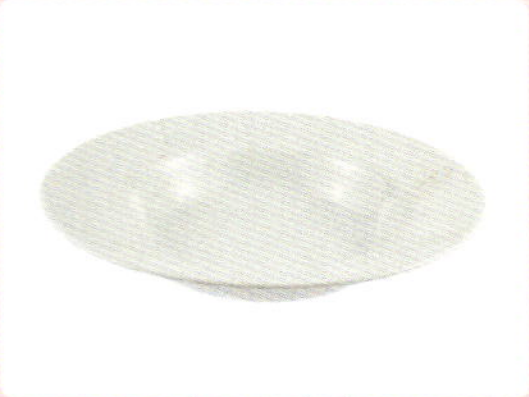

Starters and salads
Soup of the day 4.50
Garlic mushrooms on rocket
with lemon and black pepper
dressing 5.00
Green salad 4.00
Caesar salad 7.00
Main courses
Roast beef with green vegetables
and roast potatoes 15.00
Cod in traditional batter
with French fries 12.00
Grilled salmon steaks with
lemon coulis, seasonal salad
and boiled potatoes 17.00
Vegetarian lasagne with
roast Mediterranean
vegetables
and garlic bread 10.50
Desserts
Apple pie with cream 4.50
Double chocolate fudge cake
with vanilla ice cream 5.00
Tipsy cherry trifle 4.50

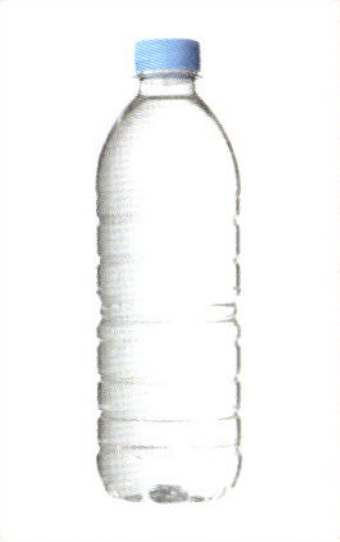

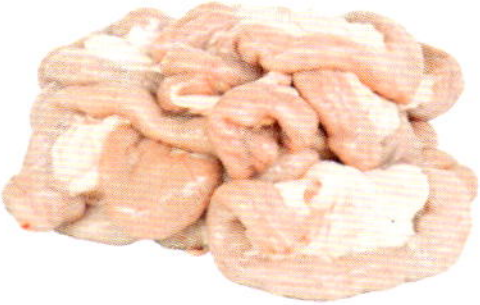

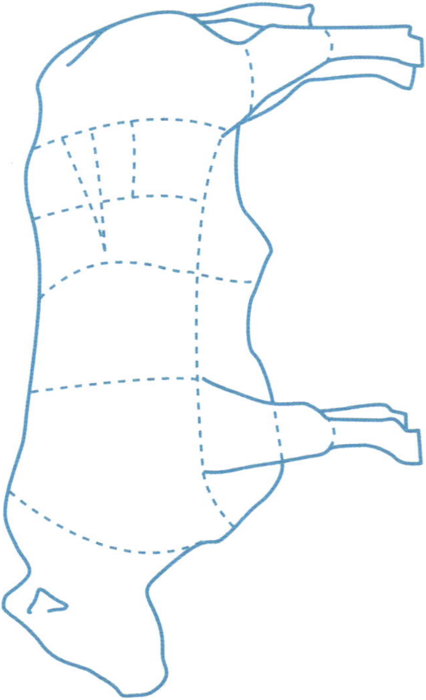

Shoppen
Go shopping

+	−	×	/	%

0	1	2
٠	١	٢
〇	一	二

3 ٣ 三	4 ٤ 四	5 ٥ 五
6 ٦ 六	7 ٧ 七	8 ٨ 八
9 ٩ 九	10 ١٠ 十	11 ١١ 十一
12 ١٢ 十二	13 ١٣ 十三	14 ١٤ 十四

20 ٢٠ 二十	30 ٣٠ 三十	31 ٣١ 三十一
50 ٥٠ 五十	100 ١٠٠ 二百	500 ٥٠٠ 五百
1000 ٠٠٠ 一千	5000 ٠٠٠ 五千	
1000000 ٠٠٠٠٠٠ 一百万		

October

Weekly
Weekly

THURSDAY
DONNERSTAG

10
5

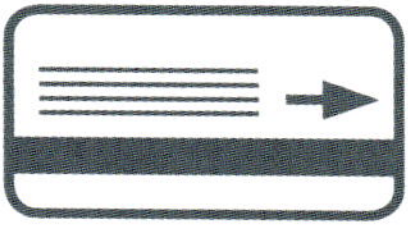

100

10

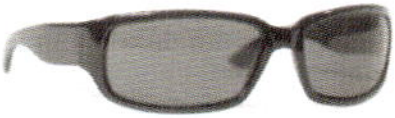

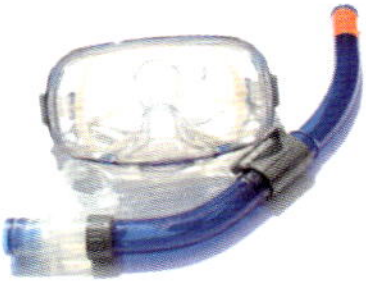

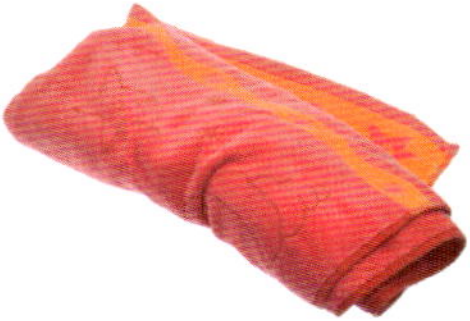

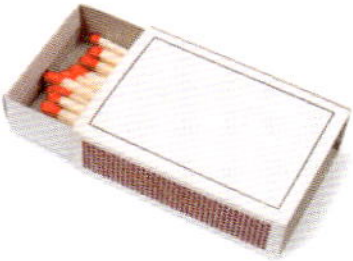

Guide
Guide

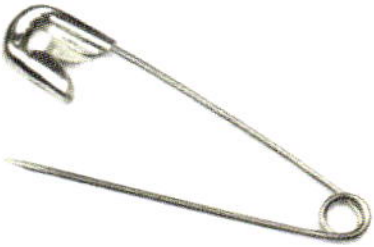

xD
M2GB
xD
H 1GB

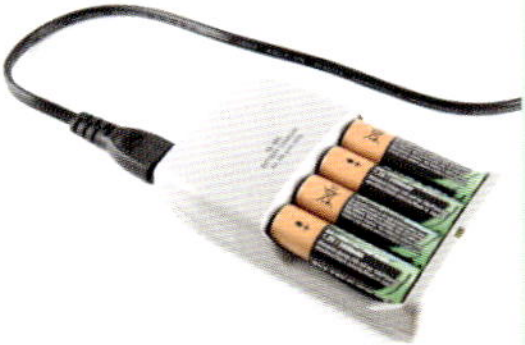

5x

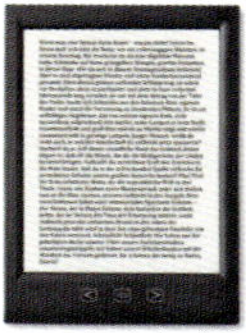

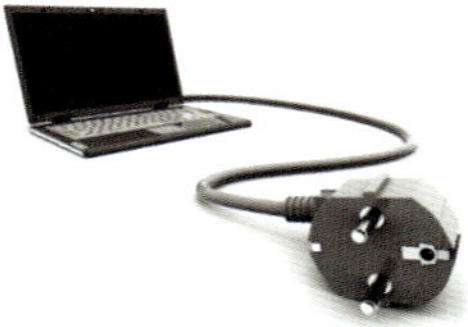

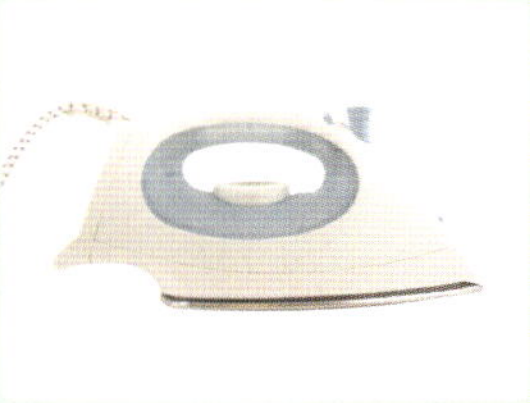

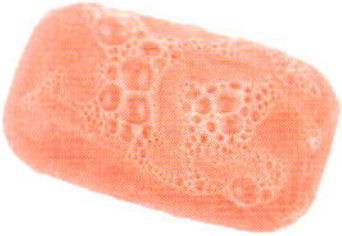

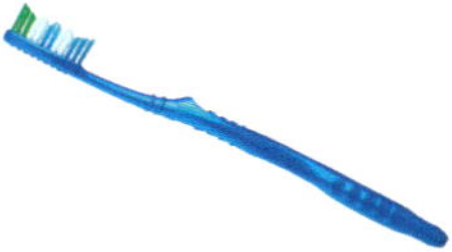

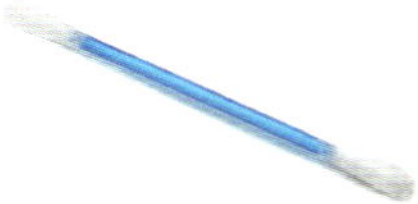

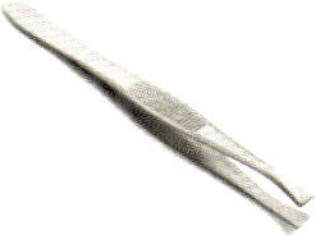

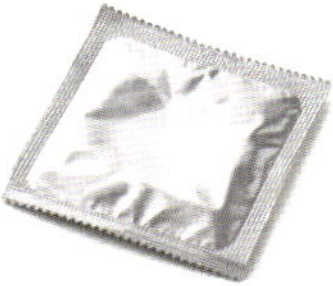

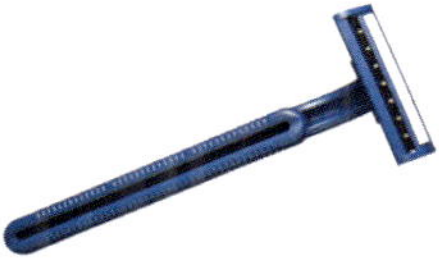

FOAM

SUN
SCREEN
30
SPF
SUN
SCREEN
50
SPF

Aktiv werden
Get active

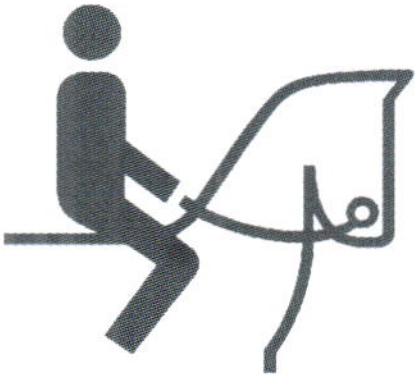

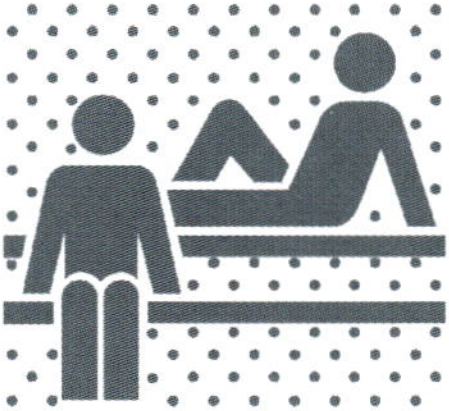

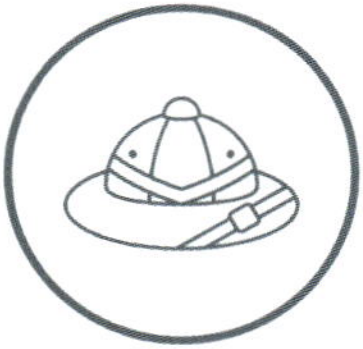

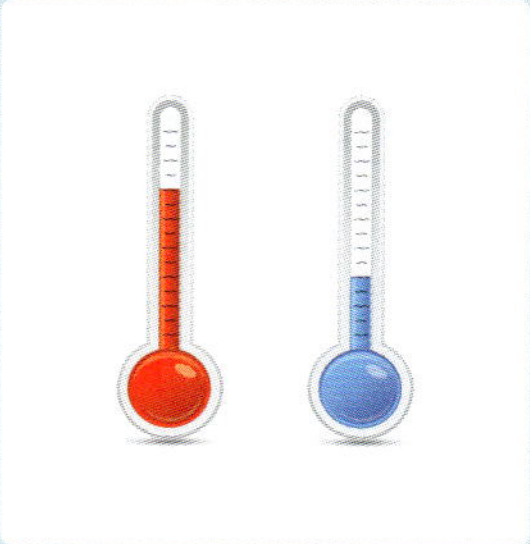

Hilfe finden
Get help

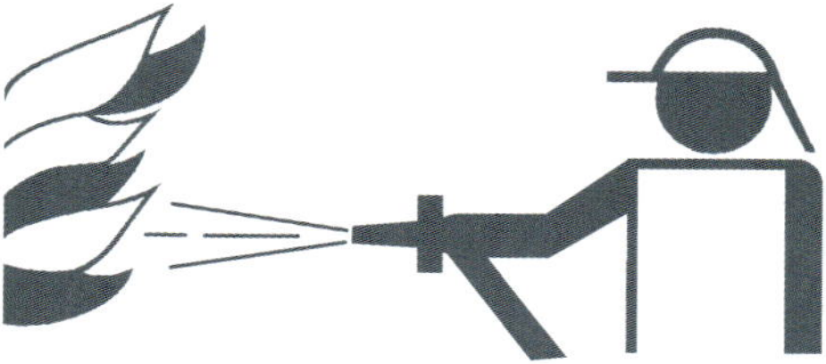

VISA

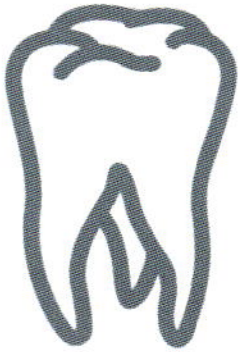

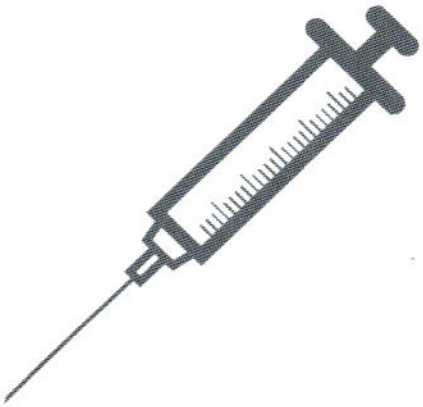

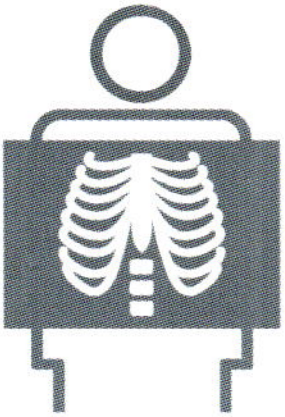

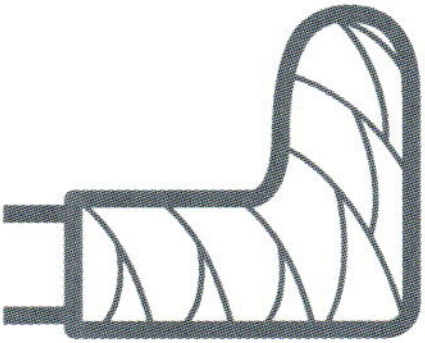

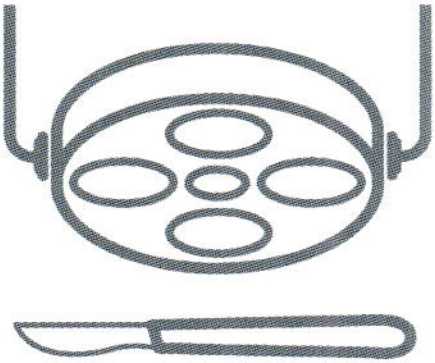

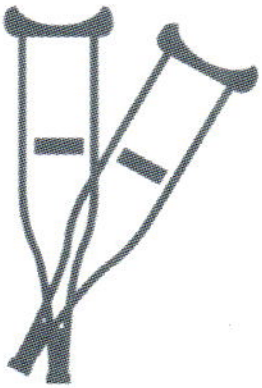

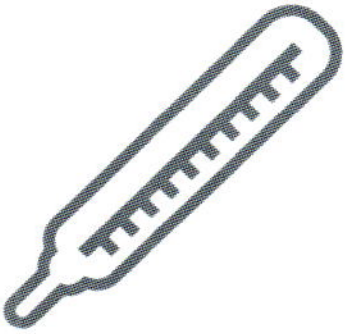

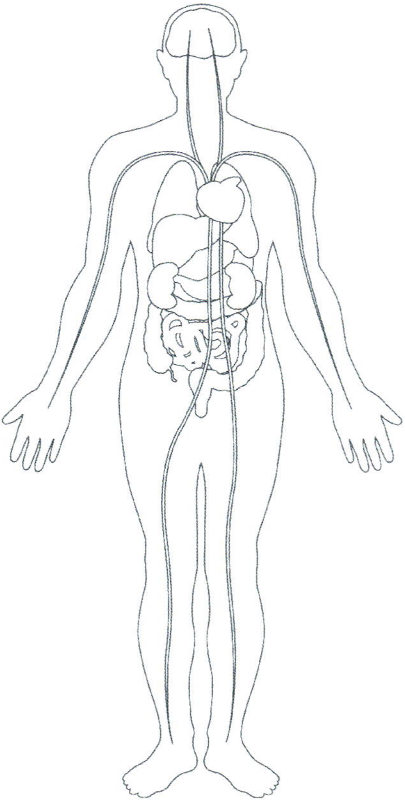

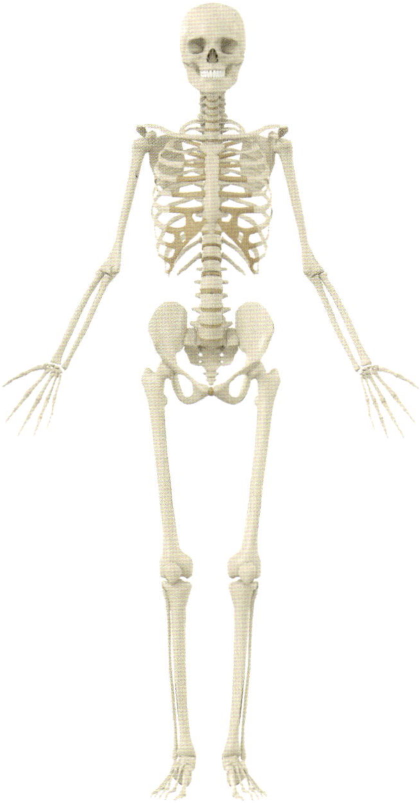

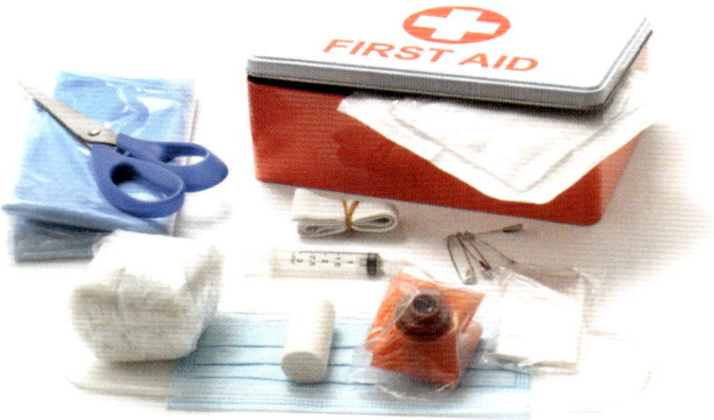
FIRST AID

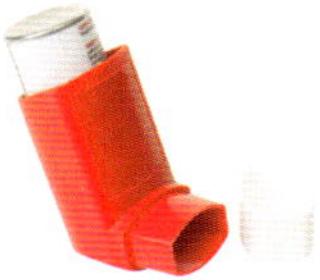

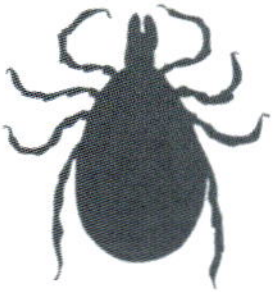

Die Welt zeigen
Point to places

Die Welt zeigen / Point to places

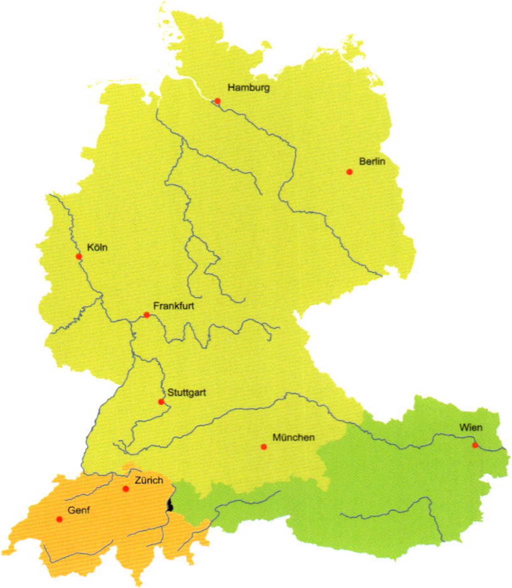

[1] creativ collection Verlag GmbH
[2] Fotolia.com
[3] Shutterstock
[4] Dreamstime
[5] iStock International Inc.

S. 3-7[1] | **S. 8** (1,2) Makkuro GL[3], (3-6)[1] | **S. 9**[1] | **S. 10** (1-5, 7)[1], (6) Alex Belomlinsky[5] | **S. 11**[1] | **S. 12** Vereshchagin Dmitry[3], Pavel L Photo and Video[3], Thomas_EyeDesign[5], szefei[5], Mariano N. Ruiz[3], Ilya_Starikov[5] | **S. 13**[1] | **S. 14** (1-6)[1] | **S. 14**Local studio[3] | **S. 15** (1-5)[1] | **S. 15** 007NATALIIA[3] | **S. 16** gokhan ilgaz[5], Susan Trigg[5], freshpix[5], Erdosain[5], adventtr[5], comptine[5], michele lugaresi[5] | **S. 17-18**[1] | **S. 19** (1-4)[1], Artizarus[5], crispyicon[5] | **S. 20-22**[1] | **S. 23** Devonyu[4], Pingwin[5], Joss[5], Sashkin[2], venusangel[2], LoopAll[5], Guido Grochowski[2], Michal Adamczyk[4], Marie-france Bélanger[5] | **S. 24** Tupungato[2], Angus[2], M. Rosenwirth[2], od - pictureworks[2], philipus[2], teptong[2] | **S. 25**[1] | **S. 26** vectorEps[3], Alex Belomlinsky[5], goodzone[3], VoodooDot[3], LANTERIA[3], Hsynff[3] | **S. 27** Christopher Pattberg[5], RTimages[5], Andrzej Tokarski[4], scphoto48[2], futureimage[5], Mark Herreid[3], Teodora D[3], bergamont[2] | **S. 28** Giorgio Fochesato[5], (2-4) Ernst Klett Verlag Stuttgart, Mcech Kirsty Pargeter[4], karandaev[2], Mcech Kirsty Pargeter[4], gna60[2] | **S. 29** Aksenova Natalya[3], Kirill Bodrov[5], Sascha Preussner[3], rawisoot[3], tolism[2], milo827, Zadiraka Evgenii[3], JHK2303[5] | **S. 30** lunamarina[2], oranhall[2], Africa Studio[3], (6-7) Berni[2], keerati[3] | **S. 31**[1] | **S. 32** Louis Aguinaldo[5], Lars Madsen[5], Todd Taulman[5], Irochka[4], SkRgY[5], Kunertus[3], (7-8) Jason Lugo[5], Gordana Sermek[5], Dmitry Maslov[4] | **S. 33** Digitalpress[2], Fotofermer[2], Jill Fromer[5], uwimages[2], Podius[4], Coprid[2], Danny Smythe[4], Blaz Kure[5], Fotofermer[2] | **S. 34** Viktor Pravdica[5], aktifreklam[2], Ivan Mateev[5], Inga Nielsen[2], torsakarin[2], Joe Gough[4], Tomispin[4], Joe Gough[5] | **S. 35** Diane Rutt[5], Ivan Mateev[5], Pål Espen Olsen[5], Rick Hoffart[5], Andrew[5], Suzannah Skelton[5], Vasko Miokovic[5], canoncam[2] | **S. 36** Valentyn Volkov[3], blende40[2], haveseen[5], fcafotodigital[5], Bet_Noire[5], Bet_Noire[5], milanfoto[5] | **S. 37** gtranquillity[2], NatalyaTerr[5], MillaF[3], LianeM[3], Jamesmcq24[5], marc harrold[5], Yong Hian Lim[5], Vasiliki Varvaki[5] | **S. 38** Magone[5], ExQuisine[2], Marie-france Bélanger[5], Marc Dietrich[4], Olga Lyubkina[4], SOMMAI[3], topnatthapon[3], Africa Studio[2] | **S. 39** zirconicusso[2], F-91[5], ValentynVolkov[5], (4-6) Nitr[2], Taffi[2] | **S. 40** Wolpert Fotodesign Stuttgart | **S. 41** Wolpert Fotodesign Stuttgart | **S. 42** Wolpert Fotodesign Stuttgart | **S. 43** Floortje[5], juefraphoto[5], 4361000358[3] | **S. 44** Eric Isselée[2], Markus Mainka[3], NEstudio[3], Viktor1[3], Olga Miltsova[3] | **S. 45** Karuka[3], majaan[3], shakim888[3], Studiotouch[3], Eric Isselée[5], Gita Kulinitch Studio[3] | **S. 46** Rémy MASSEGLIA[2], Andrei Nekrassov[2], lunamarina[2], malerapaso[5], Dani Vincek[2], Dionisvera[2], Dionisvera[2], pedrolieb[2], BSANI[2] | **S. 47** (1-5,8) Eric Isselée[5], Pavel Sazonov[2], Ievgenia Tikhonova[5], fotomaster[2] | **S. 48** Julie Masson Deshaies[5], Vasko Miokovic[5], lefebvre_jonathan[2], ExQuisine[2], Gam1983[3], Erengoksel[4] | **S. 49** Rapid Fire[3], Abramova Elena[3], Viktor1[3], monticello[3], Joe Gough[3], Charoenkrung.Studio99[3], yarlander[2] | **S. 50** Victoria Alexandrova[4] | **S. 51** (1-3) davooda[3], iconmama[3], (5-7) Kilroy79[3], vectorchef[3], Naghiyev[3] | **S. 52** AndreyGorulko[5] | **S. 53** Scisetti Alfio[3] | **S. 54** anitasstudio[3], Olga Lyubkina[5], Norman Chan[5], asterix0597[5], Rafa Irusta[5], Jiri Hera[2], Blinztree[2], Orlando Bellini[2], Marc Dietrich[5] | **S. 55** (1,2) rprongjai[3], id-art[3] | **S. 56** (1-6) Anna Frajtova[2] | **S. 57-58**[1] | **S. 61** NikolayPetrovich[3], (2,3) LplusD[3], 24Novembers[3], ShutterPNPhotography[3], Sinisa Botas[3], Hanna_Shytsikava[3] | **S. 62** Alex Belomlinsky[5], best4u[3], Georgy Markov[4], Werner Fellner[2], Carl Kelliher[5], Dwight Lyman[5] | **S. 63** anttohoho[5] | **S. 64**[1] | **S. 65** Siddligatta Viswakumar[5] | **S. 66** okinawakasawa[2], Alexandra Karamyshev[2], cedrov[2], Jason Lugo[5],

Kvhvost[2], Andrey Armyagov[5], Karkas[3] | **S. 67** Otto (GmbH & Co KG), Khvost[2], Elnur[2], the-lightwriter[5], Dario Sabljak[5], &#169 james steidl[5], number-one[3], VSanandhakrishna[5] | **S. 68** Otto (GmbH & Co KG), Alexandra Karamyshev[2], xiaorui[3], YegoeVdo22[3], Jiri Hera[2], Leonid Nyshko[5], Dan Fletcher[5], Radu Razvan[4] | **S. 69** Ana Blazic[5], Anastasiya Maksymenko[5], sagir[3], chiyacat[2], anssi ruuska[5], Danish Khan[5], kycstudio[5], John W. DeFeo[5] | **S. 70** kycstudio[5], Elnur[2], Bayanova Svetlana[3], Andre Plath[2], terex[5], Jasmin Awad[5], adisa[2], Radu Razvan[5] | **S. 71** Ernest Von Rosen[5], Kenishirotie[3], PRILL Mediendesign[2], aquariagirl1970[3], Eduard Andras[5], Alexander Raths[2] | **S. 72** Steve Dibblee[5], Dean Mitchell[5], Vladislav Lebedinski[5], Digital Paws Inc.[5], Ifness[5], Andrew Johnson[5], Lee Pettet[5], Scrambled[5] | **S. 73** roadpicture[5], emily2k[5], Elnur Amikishiyev[5], Marc Dietrich[5], Ichtor[4], Jostein Hauge[5] | **S. 74** srki66[2], Jiri Hera[2], Sergey Rusakov[2], Carl Kelliher[5], Express Getty Images, Georgy Markov[4] | **S. 75** Luis Carlos Torres[5], Peter Gustafson[4], Andrey Bandurenko[2], Werner Fellner[2], Coprid[2], Jonathan Brizendine[4] | **S. 76** Dwight Lyman[5], Jose Antonio Nicoli[4], Alexey Goosev[5], Christopher Pattberg[5], Ambelrip[3], Sascha Dunkhorst[5], Joan Vicent Cantó Roig[5], Visions-AD[2], Ivan Mateev[5] | **S. 77** Kevin Salt[5], viperagp[2], Kyle Maass[5], Maxx-Studio[3], Swapan[2], Samantha Grandy[5], droonny[2] | **S. 78** Anthony Douanne BigStockPhoto, Marc Dietrich[5], Frances Twitty[5], Achim Prill[5], Grigory Bibikov[5], Kuan Chong Ng[4], Marc Dietrich[5], ChantalS[2] | **S. 79** womue[2], tinastar[2], Roman Samokhin[3], Edler von Rabenstein[2], PLAINVIEW[5], sb-borg[5], Sjoerd van der Wal[5], Evgeny Trofimov[5] | **S. 80** mayerkevin[2], CostinT[5], Scanrail1[3], Taffi[2], aydinmutlu[5], Mmaxer[3], FabrikaSimf[3], Achim Prill[5] | **S. 81** Norman Chan[5], Vera Anistratenko[2], Africa Studio[2], midosemsem[2], Tharakorn[2], Eliza317[5], Little_Desire[3], Laboko[3], Scott Hogge[5] | **S. 82** ksena32[2], picsfive[2], ILYA AKINSHIN[2], wiedzma[2], pattarastock[2], jlcst[2] | **S. 83** homeworks255[5], zoranm[5], agafapaperiapunta[5], Elena Kharichkina[3], AGorohov[3], Tarzhanova[3], (7,8) picsfive[2] | **S. 84** adventtr[5], Gresei[2], picsfive[2], by-studio[2], Jürgen Fälchle[2], Kraska[5], Jiri Hera[2], kubais[3] | **S. 85**[1] | **S. 86** (1-5)[1], MaluStudio[3] | **S. 87-89**[1] | **S. 90** vectorchef[3], browndogstudios[3], astudio[3], (4-6)[1] | **S. 91** (1-3)[1], file404[3], Wade_Hero[3], Leremy[3] | **S. 92** Arsenii[3], ABRACADABRA[3], Milena Vuckovic[3], Firuz Salamzadeh[3], Rvector[3], Wiktoria Pawlak[3] | **S. 93-97**[1] | **S. 98** John Woodcock[5] | **S. 99** newart-graphics[3] | **S. 100** omphoto[3], jsolie[5], design56[3], E. O.[3], APCortizasJr[5] | **S. 101-103**[1] | **S. 104-109** Natasa Tatarin[5] | **S. 110** AridOcean[3]